This

Cursive Handwriting

Workbook belongs to

Uppercase Cursive Letters

A A B B C C D D

E E F F G G H H

I I J J K K L L

M M N N O O P P

Q Q R R S S T T

U U V V W W X X

Y Y Z Z

Lowercase Cursive Letters

a a b b c c d d

e e f f g g h h

i i j j k k l l

m m n n o o p p

q q r r s s t t

u u v v w w x x

y y z z

a a a a a a a a a a a a a a a

a a a a a a a a a a a a a a a

a

a

a

a a a a a a a a a a a a a a a a a a a a

a a a a a a a a a a a a a a a a a a a a

a

a

B

B B B B B B B B B B B B B B B

B B B B B B B B B B B B B B B B

B

B

b b b b b b b b b b b b b b b b b b b b

b b b b b b b b b b b b b b b b b b b b

b

b

C

C C C C C C C C C C C C C C C C C

C C C C C C C C C C C C C C C C C

C

C

c

c c c c c c c c c c c c c c c c c c c c c c c c c

c c c c c c c c c c c c c c c c c c c c c c c c c

c

c

D D D D D D D D D D D D D D D

D D D D D D D D D D D D D D D

D

D

d

d d d d d d d d d d d d d d d d d d d d d d

d d d d d d d d d d d d d d d d d d d d d d

d

d

E E E E E E E E E E E E E E E E E E E

E E E E E E E E E E E E E E E E E E E E

E

E

e

e e e e e e e e e e e e e e e e e e e e e e e e e

e e e e e e e e e e e e e e e e e e e e e e e e e

e

e

F

F F F F F F F F F F F F F F F F F F

F F F F F F F F F F F F F F F F F F

F

F

g

g g g g g g g g g g g g g g g g g g g g g g g

g g g g g g g g g g g g g g g g g g g g g g g

g

g

H H H H H H H H H H H H H H H H

h h h h h h h h h h h h h h h h h h h h

h h h h h h h h h h h h h h h h h h h h

h

h

K K K K K K K K K K K K K K K K

K K K K K K K K K K K K K K K K

K

K

k k k k k k k k k k k k k k k k k k k k k

k k k k k k k k k k k k k k k k k k k k k

k

k

L L L L L L L L L L L L L L L L

l l l l l l l l l l l l l l l l l l l l l l l l l l

m m m m m m m m m m m m m m

m m m m m m m m m m m m m m

m

m

n n n n n n n n n n n n n n n n n

n n n n n n n n n n n n n n n n n

n n n n n n n n n n n n n n n n n n

n

n

o

o o o o o o o o o o o o o o o o o o o o o o o o

o o o o o o o o o o o o o o o o o o o o o o o o

o

o

p p p p p p p p p p p p p p p p p p p

p p p p p p p p p p p p p p p p p p p

p

p

p p p p p p p p p p p p p p p p p p p p

p p p p p p p p p p p p p p p p p p p p

p

p

q

q q q q q q q q q q q q q q q q q q q q q q q

R R R R R R R R R R R R R R R R R

R R R R R R R R R R R R R R R R R

R

R

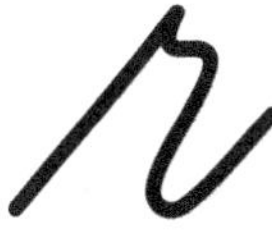

r r r r r r r r r r r r r r r r r r r r r r r

r r r r r r r r r r r r r r r r r r r r r r r

r

r

T

T T T T T T T T T T T T T T T T T

T T T T T T T T T T T T T T T T T

T

T

t

U

U U U U U U U U U U U U U U U U U

U U U U U U U U U U U U U U U U U

U

U

u u u u u u u u u u u u u u u u u u u u

u u u u u u u u u u u u u u u u u u u u

u

u

V

V V V V V V V V V V V V V V V V V V V V

w w w w w w w w w w w w w w

w w w w w w w w w w w w w w w w

w w w w w w w w w w w w w w w w

w

w

X X X X X X X X X X X X X X X X X

X X X X X X X X X X X X X X X X X

X

X

Y Y Y Y Y Y Y Y Y Y Y Y Y Y Y Y

Y Y Y Y Y Y Y Y Y Y Y Y Y Y Y Y

Y

Y

y y y y y y y y y y y y y y y y y